METRO

LISBOA

by Takano Ritsuko

個人の住宅、レストラン、宮殿や教会、地下鉄構内……
ポルトガルのありとあらゆるところで見られるタイル。
初めて訪れる人は、その量に圧倒されることだろう。

しばしばタイル壁面はアーティストのキャンバスになる。
モザイクや、クエルダセカ、クエンカなど伝統的な技法を用いたアート、
レリーフや象嵌、大理石をはじめ、異素材とのコラボ（組み合わせ）など
さまざまな表現が見られる美術館のよう。

町中の住宅の壁面は、色とりどりのタイルに覆われ、
明るく、華やかなポルトガル独特の景観を生み出す。

商店は、タイルを使用したファサードや看板などで装飾され、
使用するタイルにお店の歴史と個性が表れる。

宮殿では、外壁だけでなく、室内にも豪華なタイルタペストリーが
壁紙のようにふんだんに使われている。
多くの教会は、建物自体をタイルで覆われ、
宗教画もタイルに描かれている。

地下鉄は、タイルを用いたアートギャラリーさながら。

室温管理や湿気防止などといった実用的な役割も担うタイルは、
ポルトガル人の生活と、密接にかかわっている。

Guia do Metro Lisboa

リスボン地下鉄地図

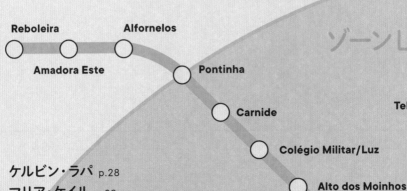

ゾーン1

ゾーンL

Reboleira

Amadora Este

Alfornelos

Pontinha

Carnide

Telheiras

Colégio Militar/Luz

Alto dos Moinhos

Laranjeiras

Saldanha
サルダーニャ p.60

Jardim Zoológico
ジャルディン・ズーロジコ
p.116

Praça de Espanha
プラサ・デ・エスパーニャ
p.102

São Sebastião
サン・セバスティアン
p.104

Parque
パルケ p.117

Rato
ラト
p.72

Odivelas

Senhor Roubado

Ameixoeira

Lumiar

Quinta das Conchas

Campo Grande
カンポ・グランデ
p.38

Aeroporto
アエロポルト
p.10

Moscavide

Encarnação

Oriente
オリエンテ
p.12

Cabo Ruivo

Cidade Universitária
シダーデ・ウニヴェルシタリア p.44

Alvalade
アルヴァラーデ
p.74

Olivais
オリヴァイス
p.16

Entre Campos
エントレ・カンポス p.50

Roma
ローマ
p.80/117

Chelas シェラス p.18

Campo Pequeno
カンポ・ペケーノ p.56

Areeiro
アレエイロ
p.116

Bela Vista ベラ・ヴィスタ p.22

Olaias オライアス p.30

Picoas ピコアス p.66

Arroios

Alameda アラメダ p.34/116

Marquês de Pombal
マルケス・デ・ボンバル p.116

Anjos アンジョス p.82

Intendente インテンデンテ p.84

Avenida
アヴェニーダ
p.110

Martim Moniz マルティン・モニス p.90

Restauradores
レスタウラドーレス
p.112

Rossio ロシオ p.94

Santa Apolónia

Cais do Sodré
カイス・ド・ソドレ p.100

Baixa-Chiado
バイシャ／シアード p.98

Terreiro do Paço

Linha Vermelha ヴェルメーリャ（オリエンテ線）
Linha Amarela アマレーラ（ひまわり線）
Linha Verde ヴェルデ（カラベル船線）
Linha Azul アズール（かもめ線）

Metropolitano de Lisboa

リスボンメトロについて

パルケ駅ホーム

●リスボンの地下鉄道システムは1888年に提案されたが、不安定な政治情勢と財政危機で、具体的な計画が実行されるまでには長い年月を必要とした。第二次世界大戦後、サラザールの独裁政権が1948年のマーシャルプランの財政援助を受け、1955年にリスボンメトロの建設が始まった。旧リスボン空港やいくつかの国際博覧会でポルトガルのパビリオンを担当していた建築家のフランシスコ・ケイル・ド・アマラル監督のもとでのプロジェクトは、予算がかなり限られ

ており、装飾に割り当てられた資金がないことがわかり、一時は中止の危機に直面する。彼の妻であったアーティスト、マリア・ケイルが解決策を考え出した。安価で入手が容易であったモザイクタイルを、装飾に用いることにしたのだった。リスボンメトロは建設から4年後の1959年に開通、ヨーロッパで14番目、世界で25番目、ポルトガルで最初の地下鉄道システムとなった。

●メトロネットワークはその後1998年

昔の駅の風景

オリエンテ駅　　　　　　　　　建設当初からのタイルが見られる。

のリスボン国際博覧会のために拡張さ
れ、2004年にポルトガルで開催された
ヨーロッパのサッカー選手権のために再
び拡張された。レッドラインは2012年
にリスボン空港まで延長される。

●1988年に第2世代の駅がオープンし
た時には駅ごとに異なるアーティストが
選ばれ、その後1990年代、新しい駅で
制作されたタイルアートは建築と一体と
なり地下鉄を美しく彩っていった。また
中心部から離れた開発地域に建設された

駅では、よりスケールの大きなタイルア
ートが生まれた。歴史と伝統のあるポル
トガルのアズレージョ文化は現代に息を
吹き返し、地下鉄空間は、自国を代表す
るアーティストや国外の作家のギャラリ
ーともなっている。

●リスボンのメトロは国営で、現在青（か
もめ）・黄色（ひまわり）・緑（カラベル船）・赤
（オリエンテ）の4路線全56駅からなり、と
くに空港と中心部をつなぐ赤線にタイル
の見どころが集まっている。（2020年現在）

乗る

入口

カイス・ド・ソドレ駅の入口。
赤いメトロのマークが目印。

●初回はViva Viagenという紙製
のカードを発行する（カード代：
0.5ユーロ）。これは1年間有効で、
チャージして使うこともできる。次
にチケットの種類を選ぶ。1回下車
ごとに1.5ユーロ。ゾーン外は追加
の料金がかかる。1日乗車券（6.4
ユーロ）は、メトロ以外にバス・市
電・ケーブルカー・ポルトガル鉄道
に24時間乗り放題（2020年現在）。

改札

オライアス駅の自動改札。読み取り部分に
タッチして入場。

窓口

ジャルディン・ズーロジコ駅に残る有人窓口。

車両

レール脇に集電用のレールが
ある第三軌条方式。

メトロは途中で地上に何度か出る。
ラルゴ・デ・アンダルース付近で今
もこんな光景を見ることができる。

表示

電光掲示板には、次の電車の行き先と待ち時間。

車内

プラットホームはもちろん、駅ごとのベンチとくずかごのデザインも秀逸。

主流は3ドアセミクロスシート。座面がコルクのものや、ロングシートの車両、貫通路のない車両も登場している。

しずく型の吊手。

全体に丸みのあるデザイン。

袖仕切りもざっくり。

座席下の蹴込板やもなくシンプル。モケットは紫。背もたれのカーブが美しい。

ブラジルの司祭で博物学者であったバルトロメウ・ロレンソ・デ・グスマン（1685-1724）は、宗主国ポルトガルで1709年に人類初の飛行船（熱気球）の飛行実験を行い、成功したとされる人物。その尾と翼のある鳥の形をした飛行船「パッサローラ」がタイルに描かれている。しかし飛行実験は教会から異端視され、ロレンソ神父の実験は中止、ポルトガルを追われた。

オリエンテ駅は市内交通の中心地のひとつ。ポルトガル鉄道の近郊列車や長距離列車が乗り入れる拠点駅となっている。リスボン万博（1998年開催）に伴う駅新設時に、エキスポ98のテーマ「Oceans——海、未来の遺産」に基づいて制作されたタイル壁画があり、5大陸を代表する11人のアーティストによる競演が見られる。駅構内はまるで巨大な地下の現代アートミュージアムのようだ。

フンデルトヴァッサー（オーストリア）による
「アトランティスの水没」がテーマ。

Oriente

アルゼンチンの漫画家・アントニオ・セギ（1934-）の作品。

線路をまたいで向こうのホームまで続くタイル壁画には、枝分かれし増殖するアメーバのような模様が描かれている。草間彌生（1929-）の作品。

中国の画家・趙無極（ザオ・ウーキー、1921-2013）による。

ポルトガルの現代美術家ジョアキン・ロドリーゴ（1912-1997）制作。

Linha Vermelha 1998

Olivais

オリヴァイス駅のアズレージョは、ポルトガル繁栄の礎を象徴するベレンの塔、ヴァスコ・ダ・ガマや、聖母出現などが題材になっている。ポルトガルの画家ヌーノ・デ・シケイラ（1929-2007）とアズレージョ作家のセシリア・デ・ソウザ（1937-）による共作。

ドラクロワの「民衆を導く自由の女神」が引用されている。

3人の牧童の前に聖母が出現したという
1917年の「ファティマの聖母」がテーマ。

Chelas

シェラス駅には、画家ジョルジェ・マルティンス（1940-）によるインスタレーション・アートが展開、原色を用いたタイルが立体的に構成されている。ホームはブルーのグラデーションを基調としたタイル壁で、V字型に大胆なスリットが入る。グリーンのタイルとの切り替えが鮮やか。下部に使用される黒いタイルはマットで粗い質感で、全体を引き締める。

ホームでは縦方向に入っていたスリットが、階段では横方向に入り、間接照明がビビッドな色を浮かび上がらせる。

白いタイルの大壁面にスリットが
入り、中からカラフルなタイルが
のぞく。原色の組み合わせが美し
いホーム。真っ赤な柱が印象的。

照明が仕込まれたタイル壁を見上げる。カラ
フルなタイルのプレートが立体的に組み合わ
さり、プレートの間からは間接照明がもれる。

Linha Vermelha   1998

Bela Vista

造形芸術家で陶芸家ケルビン・ラパ（1925-20
16）によるセラミックのアートワークが見られ
るベラ・ヴィスタ駅。ダイヤモンドパターンで
構成された色鮮やかなタイルが、ホームから階
段を上がり、改札口を出ても続いていく。

アクセントにいれられた透明感のあるライ
トブルーのタイル。アウトラインが彫ら
れた型に粘土を押し込んで作られている。

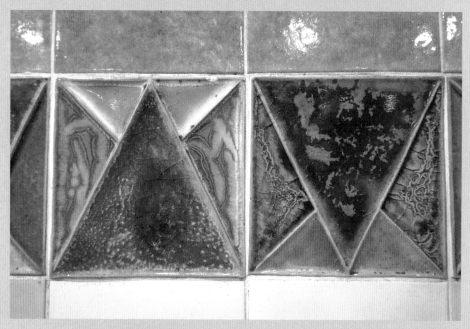

緑や青が入り混じった釉薬の美しい
発色。さまざまな釉薬が一枚一枚塗
り分けられ、手仕事の美しさを感じ
させる。目のさめるようなオレンジ
がかったタイルとも好対照。

Bela Vista

にじんだようなブルーとグリーンの組み合わせも美しい。

Bela Vista

タイルアートは改札を出てもさらに続き、基本のダイヤパターンを繰り返しながら、さまざまな形状へ変化していく。

26

錯視を起こさせるものや、円や四角のラインが何重にも入り、カラフルに塗り分けされたものも。釉薬にも変化が見られる。

Querubim Lapa

ケルビン・ラパ (1925-2016)

メシカーナの"Burning Sun of Mexico"は店内にある。

　　私の最もお気に入りの駅は、レッドラインのベラ・ヴィスタ駅です。ベラ・ヴィスタ駅では一枚一枚工芸的な魅力のあるタイルが使用されており、鮮やかな釉薬の対比や深みのある色彩のタイルアートに魅せられました。そのタイルアートを制作したアーティストがケルビン・ラパです。

●ケルビン・ラパは1925年にポルトガル南部のポルティマンで生まれました。幼少期からアートやクラフトに興味を持ち、1942年に入学したアントニオ・アロイオ芸術学校で芸術の重要な基礎を学びます。1947年にはリスボン大学美術学部の彫刻専攻を、1978年に絵画専攻

を卒業、その後中等学校の教師としてのキャリアをスタートさせています。画家、彫刻家、デザイナーでもありましたが、彫刻と絵画の要素を併せ持つ陶芸での造形表現を試み、1954年からは陶芸家として専念するようになりました。その後リスボンの民事裁判所、ショッピングセンターをはじめ、小学校や中等芸術学校、リスボン大学の牧師館などさまざまな公共施設や、民間の建物のために数々のセラミック作品を制作。今ではポルトガルで最も重要な陶芸家の一人として知られています。

●地下鉄ベラ・ヴィスタ駅をはじめ、代表的な作品に、リスボン市内のペス

パステラリア・アルコアの内壁。

ベラ・ヴィスタ駅のタイルアート。

トリーショップ「メシカーナ」のダイニングルームに設置されたタイル壁画 "Burning Sun of Mexico"（1962）などがあります。こちらは残念ながら帰国後に知ったため、見ることは叶わなかったのですが、リスボンでガレット通りを歩いていて、偶然、別の美しいタイル壁のファサードを見つけました。あとでケルビン・ラパの作品だと知ったのですが、古い宝くじ売り場の建物が改装され、アルコバサの有名な修道院のお菓子を作るパステラリア・アルコアというペストリーショップになっていたのです。元宝くじ売り場とあって、外観は運命、運、偶然などをテーマにしたデザインで

装飾されています。ブルー系の美しい色合いのタイルが使用され、タイル表面には細かくヒビが入った独特なテクスチュアが見られます。店内は外観とは一転して、茶系の温かみのあるタイルが使用されています（p.136）。外観に負けず劣らず魅力あふれる内装で彩られた店内には、焼き立てのおいしそうなお菓子が並んでいます。私が訪れた際も多くのお客さんでにぎわっていました。

●ケルビン・ラパの作品は、他にリスボンの国立アズレージョ美術館やリスボン市立博物館、日本でも東京近代美術館で見ることができます。

建築家トマス・タヴェイラ（1938–）、造形作家
のペドロ・カラペス（1953–）、芸術家のグラ
サ・ペレイラ・コウティーニョ（1949–）、画家で
彫刻家のペドロ・カブリタ・レイス（1956–）、
彫刻家ルイ・サンシェス（1954–）が参加した、
リスボンで最も美しいと言われる駅。

記念碑的な工業用柱が立ち並ぶホーム。

Olaias

改札階へ上がると、驚くべきダイナミックな空間が広がる。天井の金属とカラフルなアクリル板による照明・壁面タイル・床が呼応して、不規則的で力強いラインを作っている。

ホームから改札へのエスカ
レーターの天井には、宇宙
船のような形をした照明。

階段下の小さな扉も金属板を左
右非対称に接いだデザイン。取
手まで非対称。刷毛でさまざま
な色を塗り重ねたようなタイル
が、改札階の壁面を覆う。

空港から市内へ入るための乗り換え駅・アラメダ駅に下り立つと、画家で彫刻家のコスタ・ピニェイロ（1932-2015）が描いたタイル空間が待ち受けていた。ジョアンⅡ世、エンリケ航海王子、ヴァスコ・ダ・ガマ、マゼラン、バルトロメウ・ディアスといったポルトガルの大航海時代を彩った重要人物たちが、ゆるい画風で描かれている。ニッチの中に描かれた人物像たちが並ぶ通路は、ポートレイト・ギャラリーのようだ。

Vasco da Gama
Bartolomeu Dias

錨や舵など、大理石を彫刻したオブ
ジェクトも添えられている。

Campo Grande

18世紀ごろから、宮殿や庭園の入口や階段の踊り場には「figura de convite（招待図像）」と呼ぶ、ゲストを歓迎するために等身大の人物が描かれたアズレージョが配置されていたという。これはポルトガル独自の文化で、芸術家エドゥアルド・ネリー（1938-2013）は、駅を当時のエントランスホールに見立て、4人の人物像を配置し、伝統と現代の接点として提案した。4人の人物の全身は分割され、予想外の場所で再構成される。

男性と女性の像が、縦横に分割され、入れ替えられている。スライスされ、上下逆さになった人物や、90度曲がった上半身など、タイルならではの遊びが面白い。

メトロ出口の自動ドア。

エスカレーターの壁に配置された
照明は、右の階段とまた違う並び。

イエローラインのホームは地上にある。これは改札へ続く階段。タイル壁に、階段状に組み込まれた照明が左右に並び、美しい。

Campo Grande

Cidade Universitária

リスボン大学のメインキャンパスに通じる駅。画家マリア・エレナ・ヴィエイラ・ダ・シルヴァ（1908-1992）が描いた作品を、陶芸家のマヌエル・カルガイロ（1927-）がタイルにした。ヨーロッパで勃発した第二次世界大戦が作品に影響を与えている。

作品「ル・メトロ」。爆破から
逃れるためにパリの地下鉄に
避難した群衆を表している。
人々の中にはルネサンスの衣
装を身に包んだ人物（おそらく
哲学者のダミアン・デ・ゴイス）、
古典的なローブをまとったソ
クラテスらがいる。駅のほと
んどすべての作品は、この中
央パネルから派生している。

Cidade Universitária

ホームや通路に、石畳のカ
ルサーダが敷かれている。

NÃO SOU NEM ATENIENSE, NEM GREGO,
MAS SIM UM CIDADÃO DO MUNDO.
SÓCRATES

さまざまな場所にソクラテスの引用がある。「私はアテネ人やギリシア人ではなく、世界の市民です」

マリア・エレナ・ヴィエイラ・ダ・シルヴァはリスボン生まれで、のちにフランスへ移り住み、絵本作家としても活躍した。

Saída
Alameda da Universidade
Hospital Santa Maria

Cidade Universitária

階段付近を大小の藍色のタイルが彩る。
間に配置された照明がリズミカル。

筆跡を残した動きのあるデザインや、手描き感のあるタイル。

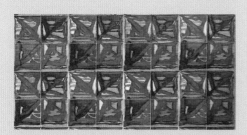

Entre
Campos

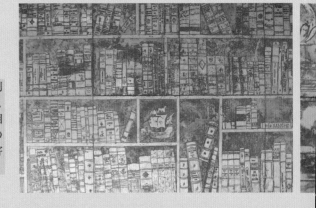

石灰岩が酸で溶ける性質を利用して描かれた地図や文字が、石の表面の質感の雰囲気と相まって、アンティークの地図のような趣に。国立図書館の最寄駅らしいモチーフも。

ポルトガルの彫刻家として名高いバルトロメウ・シド・ドス・サントス（1931-2008）による、大理石の質感を生かした壁画が圧巻。ポルトガル最大の詩人カモンイス（1524-80）による叙事詩「ウズ・ルジアダス（大航海時代における海外進出と栄光を描いた作品）」や、ポルトガルの国民的作家フェルナンド・ペソア（1888-1935）による抒情詩「海の讃歌」ほか、植物と海洋のモチーフなどが描かれている。石といえば重厚感を出すために用いられるものと思っていたが、こちらは酸で腐食させた繊細な文字や絵画の描写によってスタイリッシュに仕上がっている。

赤いラインも使いながら、シダの葉やアンモナイトの化石など、太古の時代からの壮大なテーマが石に表現されている。

バルトロメウ・シド・ドス・サントスによる壁画作品は、都営地下鉄浅草線・東京メトロ東西線日本橋駅B2F地下通路にもある。

国立図書館の最寄り駅であり、鉄道駅にも連結するエントレ・カンポス駅は、1973年と1993年の二度にわたり拡張工事が行われた。建設当初と1973年の改修に携わったマリア・ケイルによる幾何学模様のタイル。ムラのある黄土色に、パステル調の淡い色合いのラインが引かれている。モザイクタイルは建設当初のもの。

フリーハンドのようなやわらかいラインで描いた丸や正方形の中に、線が交差するデザイン。赤や青のタイルがアクセントになっている。

Reboleira

S. Sebastião

Telheiras

Rato

Marquês de Pombal

Picoas

Saldanha

Campo Pequeno

Entre Campos

Cidade Universitária

Campo Grande

Quinta das Conc

Lumia

Santa Apolônia

Aeroporto

Cais do Sodré

Entre Campos

馬に乗った女性の姿は、白い馬か
ら、肌の色、服の茶色まで、色と
りどりの大理石が使われている。

Linha Amarela 1959

Campo Pequeno

ホームの壁。荒々しい雄
牛の姿が、異なる色の大
理石で表現されている。

56

闘牛士の服の細かいところまで
色分けされており、石の色のバリ
エーションの豊富さにも驚く。

闘牛場の最寄駅。19世紀に建てられた闘
牛場は美しい建物で、夏季以外はイベント
などに利用されている。壁画は、1994年の
改修時に彫刻家フランシスコ・シモンイ
ス（1946-）が、大理石の象嵌細工で制作。
赤、黄色、ピンク、黒、茶、灰、ブルーと、美
しいポルトガル産大理石とメノウやオニ
キスなどの半貴石が使われている。

Campo Pequeno

マリア・ケイルの制作。水色の背景に、大小のダイヤモンド型が不規則に連なる。

象嵌だけでなく、女性た
ちの立体像もある。衣服
のドレープなども細やか
に再現されている。

自然が作り出した複雑な石の模様が美しい。

Saldanha

レッドラインとイエローラインの連絡駅。
1996年に彫刻家ジョルジェ・ヴィエイラ
(1922-1998) と芸術家ルイス・フィリペ・
デ・アブレウ (1935-) により「人間の普遍
的な特徴」、具体的には「動きのある人」を
テーマに制作されたアートがある。

ルイス・フィリペ・デ・アブレウのタイル画。駅のホームにふさわしく"PARTIDA（出発）"と題されている。ホームのベンチには大理石が使われている。

Saldanha

"OUVIDO（聴覚）"と題された作品は、楽器の音色に静かに耳を傾ける女性の姿が描かれている。

階段は、大理石とタイル画の競演。"FOGO（火）"と題したタイル画は、激しく燃えさかる炎を表現。鮮やかな瑠璃色のタイルに金彩が効果的に用いられている。

地面からにょっきり出現する顔レリーフ。
なんと贅沢な石づかいだろうか。

64

ジョルジェ・ヴィエイラがアレンテージョのピンクの大理石を使用して制作したレリーフが、通路や階段壁に配置される。「人間の仕事の道具」である手・腕・顔の巨大なレリーフが、どこまでも続く大理石に現れる。圧倒的な石の存在感と、石に負けないインパクトのある作品。

Linha Amarela 1959

Picoas

1995年に彫刻家マルティン
ス・コレイア（1910-1999）に
よりリスボンの女性へのオマージ
ュをテーマに制作されたタイル
パネル。かつて川沿いのダウン
タウンに住んでいた漁師などの
働く女性がアーストーンの色調
で描かれている。

coas

ホームの壁。大胆な色使いとタッチ。

頭に籠や壺、手には魚を持ち、商売を営む女性の姿が黒いシルエットで描かれたものや、繰り返し同じシルエットが、カラフルに色づけされた作品など。

Picoas

Rato 🌻 ↑

階段の中央の仕切りに使
用された面格子はブルー
のタイルとのコラボレー
ション。一部に使用され
たタイルは目隠しの役割
も担っているのだろう。

八角形のモチーフを白と黒で描いたカルサーダの床、階段から続く大小の楕円模様のタイルとのコンビネーションが美しい通路。楕円形をモチーフとしたデザインは縦横大小に伸縮し、階段全体に広がる。

ブルーの濃淡を基調とした色合いのタイルの中に、オリーブグリーンのタイルを差し色としてとりいれている。マリア・ケイルによる制作。

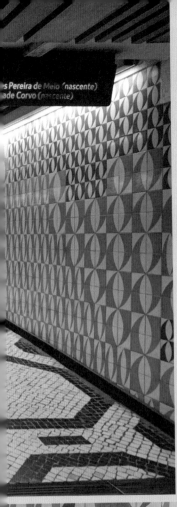

Rato

シダーデ・ウニヴェルシタリア駅（p.44）と同じく画家マリア・エレナ・ヴィエイラ・ダ・シルヴァにより描かれ、寄付されたもの。

シンプルな正方形のタイルの中央部分がそれぞれ、円形、正方形、ひし形とレリーフ状に浮き出たタイルで構成された壁面。画家で陶芸家のマヌエル・カルガレイロ（1927-）により制作された。

陶芸作家のベラ・シルヴァ（1966-）による300㎡に及ぶ手描きのタイル画が、強く明るい色合いで壁を飾る。ホームには、フランスのベル・エポック*の女性たちが猿と綱を引き合う、シュールでポップなタイル画が描かれている。ベラはタイルに直接絵を描くファイアンス焼きの技法を用いて多くの動物を描いている。これは2006年の改装時の作品。

*よき時代＝19世紀から1914年までを指す。

階段壁に設置された照明もおしゃれ。

ホームはシンプルな大判タイル貼り。

階段の上がり口には、ギターを持つ猿がカラフルに描かれている。ポルトガルの伝統的な民話「しっぽを切った猿」からインスピレーションを得たひとコマ。

Alvalade

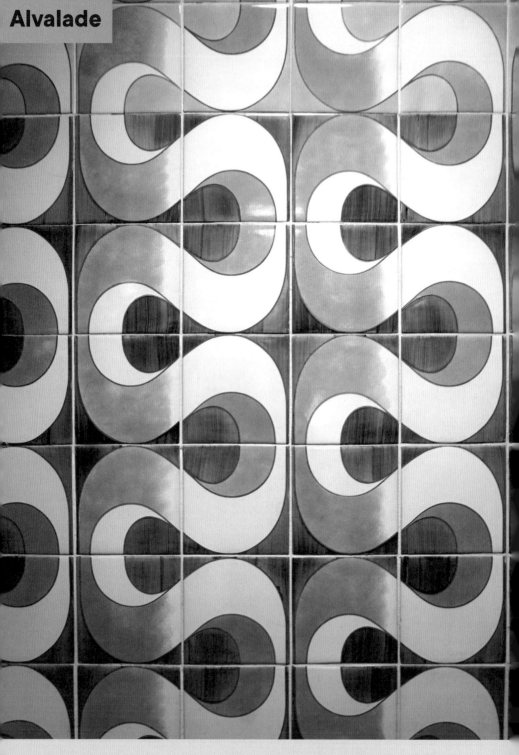

1972年にマリア・ケイルが制作。
薄紫と白のグラデーションにより
描かれた渦巻が背景から浮き上が
り、立体的に表現されている。

Roma

2006年、ルネ・ベルトロ（1935-2005）により
制作された作品。家や木々、人の姿は上下か
ら圧縮されたように不自然に変形し、変化し
ながら繰り返し現れる。駅のアートには、彼
の妻であるマデイラ島出身のアーティスト、
ルルデス・カストロ（1930-）も参加している。

海藻のモチーフはときに荒々しく、水玉部分を侵食している。

Anjos

ブルーラインのアヴェニダ駅（p.110）と同様、画家のロジェリオ・リベイロ（1930-2008）も参加。ロジェリオ・リベイロが水中の泡を思わせる水玉模様、トゲトゲした海藻のモチーフはマリア・ケイルによる。

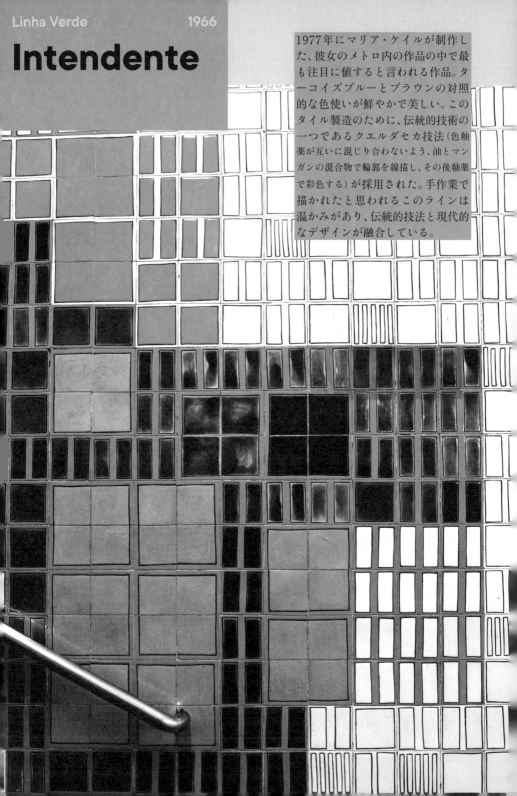

Intendente

1977年にマリア・ケイルが制作した、彼女のメトロ内の作品の中で最も注目に値すると言われる作品。ターコイズブルーとブラウンの対照的な色使いが鮮やかで美しい。このタイル製造のために、伝統的技術の一つであるクエルダセカ技法（色釉薬が互いに混じり合わないよう、油とマンガンの混合物で輪郭を線描し、その後釉薬で彩色する）が採用された。手作業で描かれたと思われるこのラインは温かみがあり、伝統的技法と現代的なデザインが融合している。

Intendente

インテンデンテ駅構内の細かい
グリーンのモザイクタイル。ガ
ラスのような質感で、縁は波打
ち、表面はざらざらして味わい
がある。マリア・ケイルが最初
の11駅を手がけたとき、予算が
ない中で使用した、いくつかの
古い駅で使われているタイル。

ホームから改札階へ上がる階段。同じサイズの正方形タイルに、大小の正方形や長方形がフリーハンドで描かれている。差し色の明るい黄土色が効いている。

タイルは階段付近だけではなく、改札まで壁一面に貼られている。表示板の付近には白一色のタイルに細かく輪郭線だけが入るなど変化に富む。

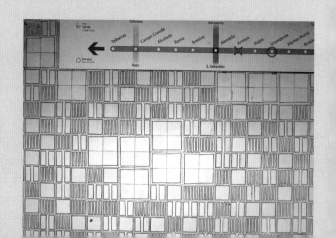

Intendente

Maria Keil

マリア・ケイル（1914-2012）

　リスボンメトロに多くのタイル作品を残したマリア・ケイルは、1914年にポルトガル南部のシルヴェスで生まれました。ケイルはリスボンの美術学校で学び、絵画、イラスト、グラフィックデザイン、広告、図面、絵画、テキスタイルなどさまざまな分野で活躍しました。1933年には建築家フランシスコ・ケイル（1910-1975）と結婚、1953年以降は夫のプロジェクトの多くでアズレージョのデザインを制作しています。

● 彼らの最も重要なプロジェクトに、元のリスボン・ポルテラ空港（1942、のちにウンベルト・デルガード空港に改称）と、1937年のパリ万博で金メダルを獲得したポルトガル・パビリオンがあります（ちなみにこのパリ万博では、展示1ヶ月前におこなわれたゲルニカ爆撃を描いたピカソの「ゲルニカ」が展示されました）。

● 1955年、夫フランシスコも建設に関わったリスボンメトロ設計計画で、マリアは当初の11の駅でタイルのデザインを担当しました。予算の制限の中、装飾に回す予算がないと知らされ、安価で入手が簡単であったモザイクタイルを使用するという解決策を考え出します。15世紀にイスラム諸国から伝わったクエルダセカ技法など伝統的技法を取り入れたり、伝統的デザインを現代的にアレンジしたり。リスボンメトロに関する彼女の仕事は、19世紀に入って一時期停滞していたタイル産業の活性化にもつながりました。タイルが芸術的表現のひとつとして認識されるようにもなりました。そして、彼女は最終的にはリスボンメトロの20の駅を手掛けたのでした。20の駅それぞれが、特徴のある幾何学的なデザイン、カラフルな色彩のタイルで、地下鉄利用客の目を楽しませてくれます。

● 彼女の作品の中で、私が最もお気に入りの駅は、グリーンラインのインテンデンテ駅です。ホームから階段の上り口に現れる、そのモダンで斬新なデザインに衝撃を受けました。ターコイズブルーとブラウンのクリアで美しい色合わせ。モダンなデザインの中にも、フリーハンドで描かれたような温かみのあるラインにも惹かれます。

Martim Moniz

1966年当時のマリア・ケイルによるタイル。黄色とグリーンを基調とした淡いグラデーションが優しい印象。ところどころに入れられたドット模様のタイルにより、華やかさと可愛らしさが加わっている。

リニューアルの際にマルティン・
モニス駅のアートを手がけたのは、
アンゴラのルアンダ出身のグラシ
ンダ・カンデイアス（1947-）。彼女
はアラビア文字、ファドと闘牛のモ
チーフ、16世紀の先住民の服と生
地・色づかいなどで、ポルトガルの
多文化・他民族性を表現した。

Rossio

ロシオ広場やサン・ジョルジェ城などへの最寄駅で旧市街の中心地にある。花や星、円などのモチーフが幾何学的にデザインされたタイル壁はマリア・ケイルの作品。伝統的なムデハル様式のタイルからインスピレーションを受け、近代的にアレンジされたものだという。カラフルながら落ち着いた色味の背景に規則的に繰り返される力強いライン。伝統的な技法であるクエルダセカで描かれたラインの周囲は釉薬がふっくらと盛り上がる。

1998年の改装の際、抽象画家エレナ・アル
メイダ（1934-2018）が、公共交通機関のア
ートワークに「動き」をとりいれるという
マリア・ケイルのアイデアから制作した。

女性の歩く姿がコマ送りのように描かれたちょっとシュールな雰囲気の陶板画はボリュームのある黄色と紺のモールディングタイルに縁取りされている。

ボリュームのあるピンク色の大理石の柱は自然の模様をアクセントに生かして用いられている。

Linha Verde   1998

Baixa-Chiado

バイシャとは「低い」という意味。にぎやかな繁華街に近いこの駅は、建築家アルヴァロ・シザ(1933-)と、複雑で立体的な作品で知られる芸術家アンジェロ・デ・ソウザ(1938-2011)により制作された。地下鉄への入口は、白いタイルをベースにアラブ模様を簡素化したようなデザイン。金色のラインで描かれたタイルが構内からの光により浮かび上がり、宮殿のように豪華。何の装飾もないシンプルなサブウェイタイルも清潔感があって美しい。

リスボンメトロのうち、最も深い場所にある駅で、長く続くエスカレーターの大空間は、すべてが白いサブウェイタイルで覆われ、光沢のあるタイルが光に反射して艶やかに輝く。

Cais do Sodré

「桟橋（Cais）」の名のついたこのターミナル駅は、画家アントニオ・ダ・コスタ（1914-1990）により制作された、懐中時計を持って走るアリス・イン・ワンダーランドのうさぎがモチーフの巨大なタイル画がホームの両側にある。懐中時計を持って走る巨大なうさぎの姿は、先を急ぐ乗客たちの気持ちが表されているかのよう。カスカイス線の乗り換え駅でもあり、そちらは1895年に建てられた駅舎が見もの。

ホームからの風景。うさぎの下に
は「遅いです」と書かれている。

Praça de Espanha

リスボンメトロ最初期の1959年にマリア・ケイルに制作されたタイルパネルの残る駅。黄色と白・緑・灰色で形作られたダイヤ型パターンで立体に見せる、錯視タイルがデザインされている。

黄・白・緑・灰色のくっきりとマットな色合いのタイルがダイヤ柄に組み合わされ、模様は縦横・大小に変化し、階段壁面を覆う。シンプルな赤い手摺がアクセント。

ホームにはインテンデンテ駅のホームと同様の表面が少しざらついた薄紫と薄いグリーンのグラデーションのモザイクタイルが用いられている。

Saída
Praça de Espanha
Avenida de Berna

Praça de Espanha

São
Sebastião

レッドラインとブルーラインの連結するターミ
ナル駅。2009年、マリア・ケイルにより制作され、
2012年に彼女が亡くなる前の最後の主要な作品
となった。青・緑・白の幾何学的なモチーフから、
緑の葉をつけた木々へと徐々に変化してゆく。

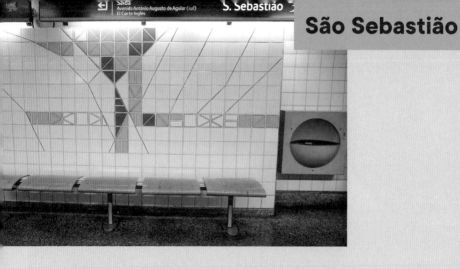

白い正方形のタイルをベースに、ひとつのタイルの中を分割する線と、それぞれの線をつなぐ二種類の線が描かれている。それらを組み合わせてタイルならではのバラエティに富んだ図案が現れる。

三角形のラインが描かれた白いタイル
の中にライトブルーのタイルがぽつん。

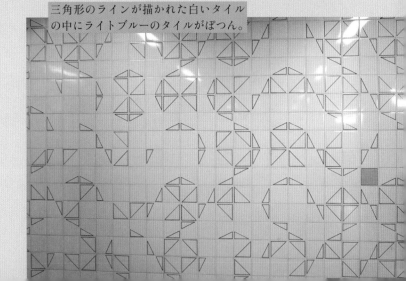

São Sebastião

Reboleira

タイルを追って歩いて
いくと、やがてライト
ブルーと白の2色のフ
ェーズに移っていく。

階段付近では、抽象的だった幾何学模様がフリーハンドで描かれた木々に変化し始め、最後には緑の葉が生い茂る大きな木に成長するというストーリー（？）を楽しめた。

木々の間にひそむ小鳥。

Linha Azul   1959

Avenida

グリーンラインのアンジョス駅（p.82）と同様、マリア・ケイルとロジェリオ・リベイロが制作。1982年、ケイルの提案により、1959年当時のケイルのアートワークに、リベイロがカバーを施した。やわらかい線で描かれた楕円が並ぶベージュ色の背景に、正方形や長方形を大小の三角形で分割したモチーフが散りばめられている。面と線の入り混じる構成。ホームの壁面は黄土色系の濃淡のモザイクタイルが覆う。

Restauradores

1959

Nadir Afonso, 95

流れるようなラインに単純化し省略されたビル群。大都会の躍動感やスピード感が表現されている。左はマドリッド、右がパリ。

60年間にわたるスペイン支配から再独立を果たした記念塔のそびえるレスタウラドーレス広場の最寄り。鉄道ロシオ駅とつながっている。この駅のメインアートは、1998年にキネティックアート（動く美術作品、又は動くように見える美術作品）のパイオニアでもあるナディール・アフォンソ（1920-2013）により制作されたもの。アフォンソはル・コルビュジエやオスカー・ニーメイヤーらのもとで働いた建築家。マドリード、パリ、ロンドン、ニューヨーク、リオデジャネイロ、モスクワの各都市への「抽象的な表現を通じてリスボンから他の首都への賛辞」を表現している。

改札階にある"The Arrival"は、ポルトガル人がブラジルを発見して500年目（1994）を記念して制作された二つの異なる文化の出合いを表現するタイル壁画。ブラジル出身のルイス・ヴェントゥーラ（1930-）によるアートワーク。

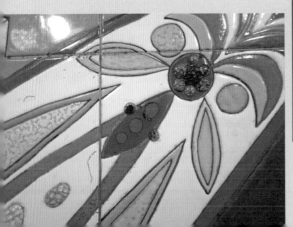

鮮やかな釉薬の中に、さらにボリュームを持ったムラノガラスなどが使われている。

エスカレーター周りは、マリア・ケイルによる迷路のような反復模様がやわらかい色彩のタイル壁。

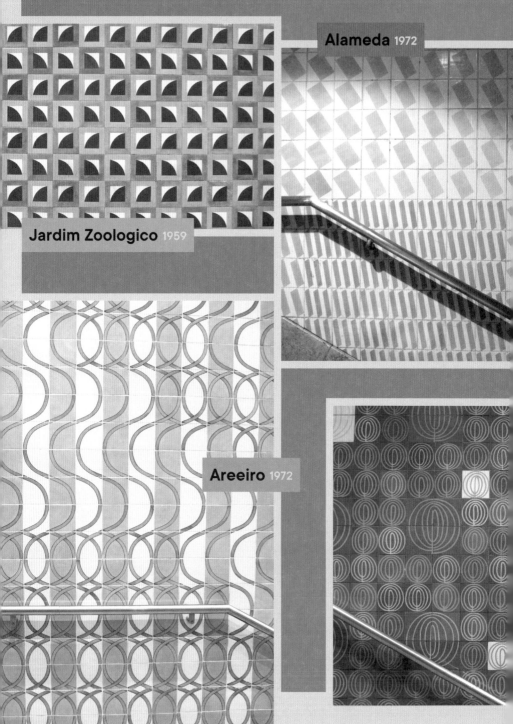

まだある マリア・ケイルの作品が見られる駅

Alameda 1972

Jardim Zoologico 1959

Areeiro 1972

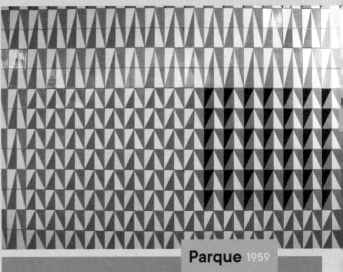

Parque 1959

Roma 1972

Marquês de Pombal 1959

※Arroios（1972）は閉鎖中で確認できず（2020年現在）。

Cidade dos Azulejos

街へ出て、タイルを見に行こう

LISBOA

地下鉄を満喫したら、陽光の下で輝くタイルを見られる場所へとご案内します。
まずは首都リスボン。美術館から、街で偶然見つけたお店まで、
有名・無名にかかわらず、素敵で行きやすいタイルスポットを選びました。

Calçadas

カルサーダ

カルサーダとはポルトガル語で石畳のこと。古代ローマ時代からの石畳と同じく、描くモチーフに合わせて石を叩いて割り、形作っている。

ロシオ広場。大きく波打つ模様が描かれている。

老舗店の前にはその店の番地や建築年などが描かれたカルサーダも。カフェ・ア・ブラジレイラの前。

夜、踏み慣らされ、表面がつるつるになったカルサーダが、ライトに照らされて雨上がりのように輝く。

カルサーダではないが、ピンク、紫、ベージュと色とりどりの大理石でできた教会の階段。

119

Casa do Alentejo

アレンテージョ会館

Rua Portas de Santo Antao,
58 1150-268 Lisboa
●ロシオ駅下車

尖塔アーチが連なる回廊
に囲まれたムーア様式の
中庭。中央には噴水。床に
はポツポツとデルフト風
の手描きのタイルが貼ら
れている。動物や家、壺な
ど素朴な姿が愛らしい。

17世紀後半の貴族の館を改装したレストラン。外観は1918年に改
修されているが、内部に驚くべき濃密な空間が広がっている。アレ
ンテージョ民族協会の本部があり、イスラム様式の中庭やイスラム
タイル、ポルトのサン・ベント駅（p.154）の壁画で有名なジョルジ
ェ・コラソ（1868-1942）*のタイルを眺めながら、アレンテージョ地
方の料理も楽しめる、タイル好きにはたまらないスポット。

＊ジョルジェ・コラソ　20世紀初頭に活躍した画家、風刺画家で、特にタイル画家
として知られる。歴史・民族学的なテーマのほか、風景などの作品も制作している。

中庭にはイスラムタイルが
ふんだんに使われている。
すこしずつパターンを変え
ながら、壁面を埋め尽くす。

食堂の前にも、四方をアズレージョに囲まれたホールがある。ブルー1色で、戦争や航海など歴史的なテーマを題材に描かれているようだ。額縁風の金色の装飾も豪華。

食堂の奥にもうひと部屋。田園風景などが描かれた大きな場面に、天井近くまでバロック的な装飾を施している。

Casa do Alentejo

ポルトガル名物のバカリャウ（干しダラ）をたっぷりのオリーブオイルで丸ごとのジャガイモとパプリカ類と炒めて煮込んだお店のおすすめ。ホクホクしたジャガイモとバカリャウがマッチ。ひと皿で満腹。値段もリーズナブル。

廊下の一画には、中央にスペード、ダイヤ、クローバーと、トランプをモチーフにしたタイル画がある。

食堂には、ジョルジェ・コラソが制作した、アレンテージョ地方の農民の姿を描いたタイル壁画がある。

Museu Nacional do Azulejo

国立アズレージョ美術館

R. Madre de Deus 4, 1900-312 Lisboa
●サンタ・アポローニア駅からバス

アズレージョが貼りめぐらされた回廊。

階段周りはブルーのアズレージョに囲まれている。

1509年にレオノール王妃によって建てられたマドレ・デ・デウス修道院を、美術館として使っており、アズレージョが使われた修道院の建物自体も見どころ。礼拝堂や回廊などが当初のまま残っている。美術館は唯一無二のコレクションで知られており、15世紀から現代までのバリエーション豊かなアズレージョが年代やテーマ別に展示されている。

聖歌席の控室。

18世紀のバロック様式の黄金の装飾とアズレージョ
が融合した豪華絢爛なサント・アントニオ礼拝堂。

美術館内のレストランは修道院時代の調理場と食堂を改装
したもの。魚や野菜が描かれたタイルが食堂らしい。

中庭に面した回廊2階部分。

ボルダロ・ピニェイロ（1846-1905）* 制作によるバッタをデザインしたアールヌーヴォータイル。

＊ボルダロ・ピニェイロ　ポルトガルを代表する造形作家。イラスト、風刺画、彫刻、陶器デザインなどで知られる。1885年にカルダスダライーニャに陶磁器工場を設立し、多くの陶器デザインを手がけた。ボルダロの作品はポルトガル人の生活から影響を受けたものが多く、ルネサンスやナチュラリズム、アールヌーヴォー、スペインやイスラム様式の影響も見られる。現在、カルダスダライーニャを中心にポルトガル全土に5、6社の工場をもつ、ポルトガルを代表する陶磁器メーカー。カンポ・グランデ駅から徒歩5分の場所にボルダロ・ピニェイロ美術館もある。

リスボンメトロで活躍したアーティストたちの近現代アート作品も充実。こちらはマリア・ケイル制作による、ロシオ駅とアヴェニダ駅に使われた同パターンのタイル。

127

Museu-Escola de Artes Decorativas

装飾芸術美術館

Largo Portas do Sol 2, 1100-411 Lisboa
●市電28番利用

元富裕層の邸宅であった美術館は、ブルーのアズレージョをふんだんに使って装飾されている。アズレージョの題材は、所有者の教養の高さを示すといわれる。

建物は18世紀に建てられた銀行家で美術品の収集家でもあったリカルド・エスピリト・サント・シルヴァの邸宅、アズララ宮殿を改装したもの。ポルトガルでも有数の貴重な家具調度品、金銀細工、絵画、陶磁器、テキスタイルなどのコレクションがそれぞれの部屋になじむように展示されていて、まるで貴族の邸宅に招かれたよう。

宮殿の入口や階段に訪問者を歓迎する目的で作られた「招待図像」といわれる等身大の人物パネル（p.38参照）。こちらは歩兵が描かれている。

中庭の腰壁。デルフト風のアズレージョに可愛い花や鳥などが描かれている。

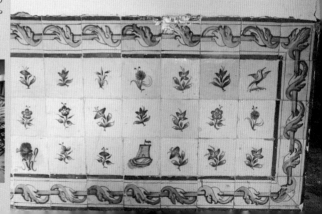

クイーンマリアルームは華やかで軽やかなロココ調の天井装飾に、豪華なシャンデリア。

腰壁のタイルもロココ調の部屋に合わせて洋風かと思いきや、シノワズリ・テイストも見られて面白い。

ベッドルームはブルーのアズレージョに真っ赤な壁紙。

部屋ごとに、腰壁に使用されるタイルが異なる。こちらはフラワーベースの絵柄。

六角形のヘキサゴンルームは天井装飾
や天井の廻り縁のスタッコなど、濃密
に装飾がなされた小部屋。

ノーブルホール。宮殿時代の壁面のアズレージョに、クラ
シックなカーペットや家具がマッチしていて、美術館の
展示というよりは美しい邸宅を見学しているかのよう。

ミュージックルーム。楕円形の部
屋に、家具とともに楽器が並ぶ。

Mercado da Ribeira

リベイラ市場

Av. 24 de Julho s/n.
1200-481 Lisboa
●カイス・ド・ソドレ駅下車

1892年オープン、100年以上の歴史をもつ市場。2014年にリニューアルされた。1階の入口と2階のホールにアズレージョが見られる。生鮮食品市場の他に市場も充実している。

市場隣接のレストラン。魚のアズレージョが可愛い。

色とりどりの花が並ぶ花屋。

フードコートへ抜けるアーチ。吹き抜けの2階の
回廊を飾るアズレージョは、豪華絢爛なフラワ
ーベース模様。輪郭に沿ってカットされている。

エントランスホールに数か所ある
扉の両脇には、鳥や花が多彩色で
描かれた華やかなアズレージョ。

Tabacaria Mónaco

タバカリア・モナコ

Praça Dom Pedro IV 21,
1100-486 Lisboa
●ロシオ駅下車

1875年、ロシオ広場のそばにオープンしたたばこ店。現在ではお土産や雑誌なども販売している。細長い店舗は、かつてロシオ通りと12月1日通りを結ぶ通路でもあった。店内のアーチ型の天井には、フレスコ画が描かれている。電線にとまった磁器のツバメやスイレンに乗ったカエルのレリーフタイルはボルダロ・ピニェイロの作品。たばこ店とは思えない美術館のような濃密な空間が広がる。（店内は撮影禁止）

裏口の扉周りにはコウノトリが描かれたタイル。

入口に描かれたボルダロによるタイルパネル。喫煙するカエルが描かれている。

Panificação Mecânica

パニフィカサオン・メカニカ

R. Silva Carvalho 209, 1250-249 Lisboaa
●ラト駅下車

1942年にオープンしたベーカリー。建物は1902年のもので、アールヌーヴォーのインテリアにボルダロのタイルが使われている。シャンデリアとアーチ型の窓、鏡が効果的に使われたクラシックな内装の店内はイートインも可能。ショーケースには簡単なペストリーやドリンクが並ぶ。

バスケットを編んだ模様を背景に、小麦と蝶をあしらっている。

ベーカリーを表す小麦とアールヌーヴォーのモチーフにしばしば使われる蝶をデザインしたタイル。

Pastelaria Alcôa

パステラリア・アルコア

R. Garrett 37, 1200-203 Lisboa
●バイシャ／シアード駅下車

ポルトガル中部アルコバサの有名な修道院のお菓子を
作るペストリー。1957年オープン。外観・内装とも
ケルビン・ラパによるタイルパネルで覆われ、その美
しさは息をのむほど。ペストリーになる前は宝くじ売
り場だった。美しい色彩のタイルの表面には細かくヒ
ビが入り独特なテクスチュアが見られる。（p.28参照）

Pequeno Jardim

ペケーノ・ジャルディン

R. Garrett 61, 1200-203 Lisboa
●バイシャ／シアード駅下車

1922年にオープンした、リスボンで最も古い花屋。店内の壁には、飴色とアイボリーの対比が美しいアールヌーヴォーのタイルが貼られている。モチーフはケシの花だろうか。なんとなく引き寄せられた店内で、偶然発見した美しいタイルに感激。

Animatógrafo do Rossio

アニマトグラフォ・ド・ロシオ

R. dos Sapateiros 225 a 229, 1100-578 Lisboa
●ロシオ駅下車

1907年に開業した、リスボンに現存する最古の映画館。現在はアダルトシネマとして使用されている。複雑なアールヌーヴォーの装飾とタイルがファサードを飾っている。

ファサードにはミルク缶を持つ女性が描かれている。アールヌーヴォーのラインが美しい。

店内には牧歌的な風景が描かれたアズレージョがある。アールヌーヴォー様式の内装が楽しめる。

Leitaria A Camponeza

レイタリア・ア・カンポネーザ

R. dos Sapateiros 155, 1100-619 Lisboa
●ロシオ駅下車

100年以上の歴史を持つレストラン。当初はミルクショップで、レストランになる以前は乳製品やペストリーを専門にしたカフェであった。

街へ出て、タイルを見に行こう

SINTRA

リスボン近郊のシントラは、王族や貴族の別荘地として栄え、UNESCOの世界遺産に
文化的景観として登録されている街。リスボンから訪れやすく、タイルの豊富な建物が多い。
シントラ駅からここで紹介した主要観光地へは、路線バスか徒歩で訪れることができる。

SINTRA #01

Estação Ferroviária de Sintra

シントラ駅

2710-590, Sintra

ロシオ駅・オリエンテ
駅から国鉄シントラ線
で約40分。駅舎を飾る
多彩色のアズレージョ
は、天使が花綱を持っ
た華やかな作品。

Parque e Palácio de Monserrate

モンセラーテ宮殿

Estrada de Monserrate,
2710-405 Sintra

中心街から4キロ、広大な公園の敷地の一角にある。1540年に建てられた旧宮殿だが、1860年ごろ、廃墟同然の建物を、織物貿易で富を築いたイギリスの大富豪・サー・フランシス・クックが、同じくイギリス人建築家ジェームズ・トーマス・ノウルズ（1806-1884）を起用し、夏の別荘として改装した。

ムーア様式、ゴシック、インドの建築様式が混在し、他の宮殿とはまったく雰囲気が異なる。

エントランス。何層も重ねた大理石のアーチ。緻密で繊細な装飾がすばらしく、見応えがある。

回廊の壁面に貼られた幾何学模様のタイルパネル。クエンカ技法で釉薬が塗り分けされている。

エントランスホール、メインホール、ミュージックホールの3つのドームを結ぶ通路。ピンクがかった大理石の柱をつなぐムーア様式のアーチ。

ミュージックホール。レースのような細かい透かし彫りが施された天井。右は階段ホール天井の装飾。

メインホールを見下ろす。

階段の手すり子に施された葉の模様の透かし彫り。

庭園にあった噴水にはモザイクタイル風に
加工したタイルが貼られていた。

青空に映える鮮やかな黄色や赤の外壁、大小さまざまな様式の塔など、変化に富むかわいい外観。光を受けて艶やかに輝く壁は、イスラムの幾何学模様のタイル貼り。

SINTRA #03

Palácio Nacional da Pena

ペーナ宮殿

Estrada da Pena,
2710-609 Sintra

1755年のリスボン大地震で廃墟となっていた山頂の修道院を、フェルディナンドⅡ世がドイツからの建築家を呼び寄せ、1836年に再建を開始、1885年に完成した夏の離宮。門やアーチに施されたちょっと不気味で奇妙な彫刻や装飾、贅沢なタイルづかい、驚くばかりの装飾に満ちた部屋など、不思議な魅力がある。標高529メートルからの眺望もすばらしい。

鋲を打ったような突起のあるアーチ門。

個性的な表情のガーゴイルたち。

144

門の上、何重にもなった貝殻の上に座るのは、ギリシャ神話に登場する海の守護神トリトン。マヌエル様式の特徴である珊瑚やねじれた柱なども彫られている。くぐると、内側を覆うのは、海藻をかたどったレリーフタイル。

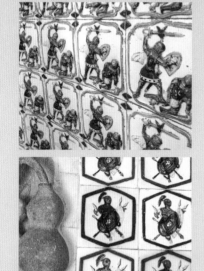

装飾に使われていた立体的な騎士のタイルや、ひょうたんのレリーフ。

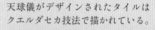

天球儀がデザインされたタイルはクエルダセカ技法で描かれている。

Palácio e Quinta da Regaleira

レガレイラ宮殿・庭園

R. Barbosa du Bocage 5,
2710-567 Sintra

石造りのレガレイラタワー。

20世紀初めに所有したブラジル出身の富豪、アントニオ・モンテイロが買い取るが、その前のことはあまりよくわかっていない。モンテイロはイタリアの建築家ルイジ・マニーニ（宮殿ホテルとして人気のブサコパレスの改装も手がけた）が改築した。庭園内にはゴシック、ルネッサンス、マヌエルといったさまざまな建築様式の宮殿や礼拝堂、塔が点在する。秘密の地下通路や洞窟などの仕掛けや、テンプル騎士団、長く迫害され地下活動を余儀なくされたフリーメイソンのモチーフも見られる。

守護者の門にあるトカゲの噴水。奥は洞窟になっていて、秘密の通路がある。

クエンカ技法により塗分けされたイス
ラムタイルはオレンジ色が鮮やか。

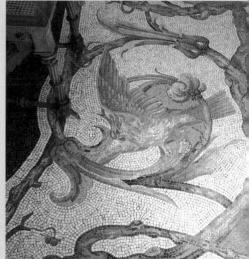

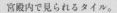

宮殿内で見られるタイル。

絵画のようなモザイク
装飾は細かい陶片で繊
細につくられている。

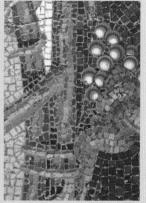

Palácio Nacional de Sintra

シントラ国立宮殿（王宮）

Largo Rainha Dona Amélia,
2710-616, Sintra

ジョアンⅠ世が英国へ嫁いだ娘の幸福を願ってつくらせたという白鳥の間。天井には夫婦円満の象徴である白鳥が描かれており、27羽すべてが異なるポーズをとっている。

イスラム教徒が残した建物を13世紀にディニス王が居城として整備、14世紀にジョアンⅠ世が増改築を行い、さらにマヌエルⅠ世の時代にも増築を行った。マヌエルⅠ世はこの王宮のためにセビリアの工房へ1万枚以上のアズレージョを発注したという。ムデハル様式や浮き彫り、色違いのしっくいを二層に塗って引っ掻いてつくるズグラフィット技法のアズレージョなど、のちの作家たちにも影響を与えた。

16世紀王侯貴族の紋章の描かれた黄金の天井、壁はブルーのアズレージョに覆われている「紋章の間」。

18世紀に造られたという牧歌的風景や狩猟の様子などが描かれたアズレージョは、鮮やかなブルーが美しい。

貴族の接待に使われていたカササギの部屋。
壁面はイスラムタイルに彩られている。天
井には136羽のカササギが描かれている。

葡萄の葉と蔓。

ズグラフィットの技法が用いられている。

ムデハル様式のタイル。

**Palácio
National de
Sintra**

ウォーターグロッタと名付けられた中庭
に面した部屋。壁面には緻密に描き込まれ
たブルーのアズレージョが貼られ、天井に
は繊細な漆喰装飾が施されている。

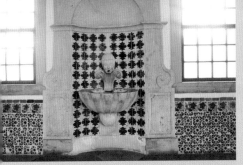
エントランスホールにある噴水。

ジョアンⅠ世のベッドルームだったアラブ
ルームは、部屋の中央に、大理石とタイルで
囲まれた噴水がある。タイルは、当初多色の
釉薬で塗り分けされていたと思われる。

中央のパティオ。屋外の幾何学模様
のイスラムタイルは、劣化具合が
痛々しいけれど、色鮮やかさは健在。

Oficina
das Artes

アズレージョのお土産ショップ

王宮近くに、水彩画とタイル画を制作する
アーティスト、アルメイダ・コヴァルさん
の工房兼ショップがある。こじんまりとし
た店内には、色とりどりのタイルがひしめ
いている。偶然入ったお店で、コヴァルさ
んと片言でのタイル談義に花が咲いた。

SINTRA #06

Fonte Mourisca

ムーアの泉 記念碑

Volta do Duche, 2710-631 Sintra

シントラは水に恵まれた土地で、街中でいくつもの泉
が湧いている。これは、ジョゼ・ダ・フォンセカによ
り1922年に建てられたムーアの泉（現存せず）の記
念碑で、1982年に再建されたもの。馬蹄型のアーチ
の中に、さらに3つのアーチがあり、奥の水汲み場は
壁面が広範囲にイスラムタイルで覆われている。

馬蹄形多弁アーチの外側には、3本のロープが絡み合う絵柄のタイル。アーチの内側には、幾何学模様に植物文様をプラスした複雑なデザインのタイルが顔をのぞかせる。

奥には、典型的なパターンのイスラムタイル。

街へ出て、タイルを見に行こう

PORTO

リスボンから列車で約3時間、
国内第2の都市ポルトは、
建築家アルヴァロ・シザを育んだ土地でもある。
市電とメトロも走っている。

PORTO #01

Estação de São Bento

サン・ベント駅

Praça de Almeida Garrett,
4000-069 Porto

世界で最も美しい駅のひとつにも選ばれた
ことのある駅舎は、1900年に修道院の跡
地に建てられた。1930年にジョルジェ・
コラソが制作したアズレージョがある。

ポルト商業組合の建物として1834年に建てられ、最近まで証券取引所として使われていた。Bolsaは証券取引の意味。アルハンブラ宮殿を模して、1862年から18年かけてつくられた「アラブの間」がある。

Palácio da Bolsa

ボルサ宮

R. Ferreira Borges,
4050-253 Porto

PORTO #03

Igreja do Carmo

カルモ教会

R. do Carmo, 4050-164 Porto

建物は18世紀半ばに建てられ、
1912年に壁の側面がアズレージ
ョで装飾された。このアズレージ
ョは国内最大級といわれる。左に
並んでいるのはカルメリタ教会。

PORTO #04

Sé do Porto

ポルト大聖堂

Terreiro da Sé, 4050-573 Porto

12世紀にロマネスク様式で建てられたポルト
最古の教会。アズレージョは18世紀のもの。

O Azulejo nas Casas 家々のタイル

LISBOA

大小の八芒星がモチーフとなったタイル。

さまざまなデザインの帆船が
描かれたデルフト風タイル。

リスボンの街を歩くと、カラフル
なタイルに覆われた多くの建物を
見つけることができる。それらは
テキスタイルのように、さまざま
な色やパターンで、街歩きをする
私たちの目を楽しませてくれる。
19世紀後半、リスボンにあるい
くつかの工場では、低コストでで
きるパターンのタイルが生産さ
れ、多くの建物のファサード、ド
アや窓周り、建物の壁面を華やか
に装飾した。これらが今日の変化
に富んだ街並をつくっている。

八芒星のバリエーションにタエン
カ技法による文様を入れ、カラフ
ルに釉薬が塗り分けされたタイル。

タイルが剥がれて、内側の煉瓦が露出
しているものもなかなか絵になる。

向きを間違えたタイルを
発見するのも楽しい。

よく見ると生き物の顔がある。

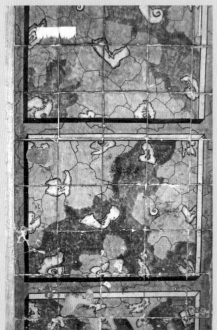

小花をつなげた柄のタイルの周り
に、東洋的なふちどり模様が入る。

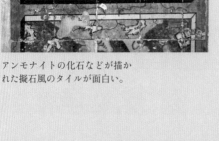

アンモナイトの化石などが描か
れた擬石風のタイルが面白い。

イスラム風のモチーフがベースと
思われるカラフルなデザイン。

160

扉周りをタイルとカラフルな花
のプランターで装飾した民家。

八角形と四角形をつなげた蜀江
文様がモチーフ。建てられた年
代が入った面格子も素敵。

おしゃれなレストランのファ
サードを彩るのは釉薬の濃淡
が美しいレリーフタイル。

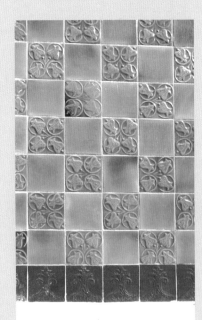

当初はこの丸い花のタイルが全面に
貼られていたのだろうか。このよう
に同系色の柄違いのタイルで補修さ
れているものを時々見かける。

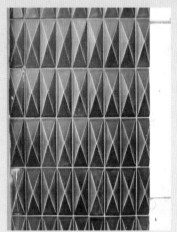

中央部が突出して四角すいの
形になったレリーフタイル。

家々のタイル

PORTO

ポルトの街角のタイルは、リスボンではあまりお目にかからなかった立体的なレリーフタイルや貼り方をたくさん目にした。アズレージョの工房がポルトとリスボンに集中し、ポルトでは浮き彫りのアズレージョが好まれたことからきているという。

歴史地区は、オレンジ色の屋根が連なる。

ファサードを飾る浮き彫りのタイル。